Raimo Gareis

Meissener Porzellan

Eine Begegnung

KRONE

Die Deutsche Bibliothek-CIP-Einheitsaufnahme

Meissener Porzellan - Eine Begegnung
1.Auflage 2004

Printed in Germany

Herausgeber: Dieter Krone, D-42799 Leichlingen/Rheinland
Konzept und Gestaltung: Dr. Raimo Gareis, A-7432 Oberschützen/Burgenland
Layout, Abbildungen und Text: Dr. Raimo Gareis, A-7432 Oberschützen/Burgenland
Druck: Rondo Druck, D-73061 Ebersbach

ISBN 3-933241-98-7

Die Vorgeschichte

Wir trafen uns am Bodensee. Wir, das sind Dieter Krone, mein Freund und Verleger, und ich, der Autor, Fotograf und Layouter. Ein herrlicher Sommerabend sah uns auf der Terrasse des *Hotel Iris am See* auf der Halbinsel Mettnau bei intensivem Meinungsaustausch. Dann ließ Dieter die telefonisch angedeutete Bombe platzen. „Ich möchte gern" hob er unvermutet an, „dass Du für unsere 2,95 Euro-Buchreihe einen Band über Meissener Porzellan - eine Kulturgeschichte für Jung und Alt schreibst". Der Hieb saß, womit hatte ich ihn nur so geärgert? Meine Antwort war ohne nachzudenken: „Nein!". Dieter fühlte sich herausgefordert und erklärte mir lang und breit den Hintergrund und die Vorgeschichte. Meissener Porzellan-Manufaktur, die älteste Porzellanmanufaktur Europas. Hier wurde das Hartporzellan erfunden. Das Werk im Meißener Triebischtal ist ein Anziehungspunkt ganz besonderer Art. Jährlich durchströmen rund 300.000 Besucher das Porzellan-Museum und lassen sich in der Schauwerkstatt die aufwendige Herstellung der filigranen Porzellanfiguren und Gebrauchsgegenstände vorführen. Eine klar umrissene Zielgruppe, und alle haben den Wunsch, etwas Gedrucktes mit nach Hause zu nehmen.....!?

Langsam begann das entschiedene „Nein" sich zu wandeln. Das Meissener Zwiebelmuster und die bunten Figuren fingen an, auf mich einzuwirken. Zuerst kaum merkbar wuchs mein Interesse an diesen Geschöpfen. Aus dem entschiedenen „Nein" wurde ein immer deutlicheres „Ja"!

Das Vorwort

Man sollte auch vor einer spontanen Antwort zunächst ein wenig nachdenken. Zuerst hatte ich wie die meisten Menschen nur die Probleme dieses Auftragswunsches gesehen, meine völlige Inkompetenz auf dem zur Debatte stehenden Gebiet. Für einen langjährigen Marketingmanager einer deutschen Weltfirma ein unverzeihlicher Fehler. Als solcher war ich jahrelang darauf gedrillt, zuerst immer die Möglichkeiten einer neuen Entwicklung zu sehen, sich auf die vielen Chancen zu konzentrieren und die Probleme vorerst hintan zu stellen.

Wie war es bei dem Buchthema „Meissener Porzellan“? Welche Chancen bot es für mich als vorerst vollkommen ahnungslosen Autor? Sie lagen ganz deutlich auf der Hand. Ich war einer der wenigen Buchautoren, die noch nie mit Meissener Porzellan in Berührung gekommen waren, geschweige denn hatte ich je eine dieser filigranen Figuren künstlerisch gestalteten Porzellans in der Hand gehalten. Fünfundsiebzig Jahre meines Lebens hatte mich derartiges Porzellan schlichtweg nicht interessiert. In meiner frühen Jugend ärgerte ich mich allenfalls über Porzellangeschirr, weil ich beim Abtrocknen der damals so begehrten Sammeltassen immer höllisch aufpassen musste, sie waren doch so wertvoll……Meissener Porzellan aber war nicht einmal bei diesen Kaffeetassen dabei. Es harrte noch der Entdeckung.

Ganz langsam dämmerten alte, längst vergessene Erinnerungen herauf. Der erste Kontakt mit Meissener Porzellan und seinem Erfinder Johann Friedrich Böttger fand schon vor 65 Jahren statt. Im Delta-Kinopalast meiner Heimatstadt Lübeck. Die Oberrealschule zum Dom hatte uns in einen Kulturfilm geschickt. Der Titel war – Sie ahnen es schon – „Das weiße Gold“. Darin erzwang Kurfürst August der Starke von Sachsen an seinem Hofe die Erfindung des Hartporzellans. Eine Szene dieses Filmes war mir unauslöschlich im Gedächtnis hängen geblieben. Aus einer brodelnden Brühe zog Johann Friedrich Böttger eine strahlend weiße Kaffeekanne an das trübe Tageslicht. Das Hartporzellan war geboren. Diese Filmsequenz hatte sicherlich mit der geschichtlichen Wahrheit nur wenig zu tun. Aber sie war recht eindrucksvoll. Dieser Film hatte damals neben der reinen

Unterhaltung zumindest mein Interesse an chemischen Veränderungen und physikalischen Vorgängen weiter angefacht.

Langsam fing das Buchthema mich an zu interessieren. Ich kramte weiter in meiner Erinnerung. 45 Jahre nach dem Kinofilm gab es eine weitere Verknüpfung meines Lebensweges mit Meissener Porzellan. Als ordentliches Mitglied des Wiener Künstlerhauses erfuhr ich von dem damaligen Präsidenten und meinem Freund Prof. Hans Mayr von dem Projekt einer großen Ausstellung Meissener Porzellans in Wien. Auf diesem Umweg sollte diese sehenswerte Präsentation künstlerisch wertvollen Meissener Porzellans vor allem aus dem 18.Jahrhundert auch in die Bundesrepublik Deutschland gelangen. Eine direkte Verbindung zwischen DDR und BRD war damals aus politischen Gründen kaum zu realisieren. Also musste auf kulturellem Gebiet Österreich, sprich Prof. Hans Mayr einspringen. Wer aber sorgte möglichst kostengünstig und schnell für einen repräsentativen Katalog der Wanderausstellung? Prof. Hans Mayr und seine Partnerin Prof. Brigitte Klesse, die damalige Direktorin des Museum für Angewandte Kunst in Köln, erledigten diese Arbeit in kürzester Zeit. Die Abbildungen wurden mit einer Großformatkamera in den Räumen der Porzellan-Manufaktur in Meissen aufgenommen. Auf Agfachrome Speed, einem ganz neuen Aufnahmematerial, das an Ort und Stelle im Hellen verarbeitet werden konnte, und das ich als Produktmanager zur Erprobung bereitgestellt hatte. Zufall? Ich glaube nicht an Zufälle. Alles hat Bedeutung und ist auf geheimnisvolle Weise miteinander verknüpft. Wir können die Sprache des Schicksals nur leider nicht entziffern.

All diese Erinnerungen weckten zusehends meine Neugier. Die Begegnung mit Meissener Porzellan begann sich als noch abzuarbeitende Aufgabe in meinem Lebensprogramm abzuzeichnen. Langsam, aber unaufhaltsam wuchs in mir die Begeisterung für dieses Projekt.

Das Ergebnis dieser Begegnung liegt jetzt als kleines Büchlein vor Ihnen. Wie habe ich mich diesem Thema genähert? So wie ich es bei meinen wissenschaftlichen Arbeiten immer gemacht habe. Alles beginnt mit dem Literaturstudium. Das war früher eine mühsame und zeitraubende, in kurzer Zeit kaum zu bewältigende Arbeit. Heute ist es der reine Spaß. Dank Internet sind wir heute mit allem Wissensstoff der weiten Welt zu Hause am Schreibtisch verbunden. Suchmaschinen wie *google* oder *yahoo* führen uns unter dem Stichwort „Meissener Porzellan“ in Sekunden zu über 2000 Informationsquellen, aus denen die interessanten herausgepickt werden müssen. Aber das ist keine allzu schwierige Aufgabe.

Und jetzt beginnt endlich dieses Buch. So wie es sich für einen Deutschen gehört. Die Amerikaner nennen das so treffend *deep in the roots of history.* Beginnen wir also am Anfang, vor dreihundert Jahren. Kunstgeschichtlich befinden wir uns im Zeitalter des Barock, diesem Baustil, der alle bis dato vernünftigen Formen ins Überdimensionale aufblähte. Das war offenbar ein Ausdruck des neu erwachten Lebenswillens und typisch für die damalige Zeit. Nach der Überwindung eines durch jahrzehntelangen Mord und Totschlags und anschließende Armut gekennzeichneten 17.Jahrhunderts, begann Europa einer neuen Zeit entgegen zu gehen. Aus heutiger Sicht, zuerst einer Phase des Übermutes. Natürlich auch auf kulturellem Gebiet. Kultur nach unseren Vorstellungen gab es im engeren Sinne nur an den hunderten von großen und meist eher kleinen Fürstenhäusern. Heute würden wir sagen, hier lebte eine wüste Fun-Gesellschaft, die keine Art von Entertainment ausließ, und sich gegenseitig zu übertrumpfen trachtete. Barocke Übertreibung in all ihren Spielarten. Auch und gerade Sachsen machte darin keine Ausnahme.

Dort regierte seit dem plötzlichen Tod seines älteren Bruders 1694, dem eigentlich der Thron zugestanden hatte, Friedrich August I. – genannt der Starke. Klein von Wuchs aber mit großer Tatkraft ausgestattet, packte er mit Intelligenz und Raffinesse – aber ganz ohne Vorbereitung für das schwere Amt – die Staatsgeschäfte an. Soll heißen, er versuchte jetzt den sächsischen Staat und später auch den Polens in die Verfolgung seiner persönlichen Interessen einzuspannen. Vorweggenommen: Wie nicht anders zu erwarten, war er als Kriegsherr und Politiker nicht übermäßig erfolgreich, Kriege verlor er immer.

Ganz anders in kulturellen Dingen. Was man heute als „Augusteisches Zeitalter“ bezeichnet, ist vor allem eine kulturelle Blüte Sachsens. In diese Zeit fallen ausschweifende Feste aller Art, vor allem Theateraufführungen, in die der ganze Hofstaat und die meisten Künstler des Landes eingebunden waren, wobei August selbst meist die Rolle der verschiedensten Gottheiten übernahm.

Es war aber auch ein naturwissenschaftlich erfolgreiches Zeitalter. August der Starke besaß offenbar die Fähigkeit, außergewöhnliche Charaktere aufzutreiben und an sich zu binden. Aus der Hoffnung den *Stein der Weisen* zu finden entwickelte sich schließlich die Erfindung des europäischen Hartporzellans durch das völlig ungleiche Forscherpaar Ehrenfried Walther von Tschirnhaus und Johann Friedrich Böttger.

Das war der Anfang der Begegnung. Was folgt ist die Geschichte der Meissener Porzellan-Manufaktur von 1710 bis zum heutigen Tag.

Der König und die Qualität der Zeit

1717. Ein staubiger Feldweg und ein müder Haufen. Soldaten. Landsknechtslieder. 600 Reiter und ein Befehl. Der Weg führte von Sachsen nach Preußen. Gibt es Krieg? Keineswegs. Die Szene ist ganz unglaublich. Sie markiert einen ganz und gar friedlichen Tausch. Soldaten zu Pferd gegen Porzellanvasen aus China. Absurdes Theater? Ja und nein.

Ist es wirklich so unvernünftig, wie es auf den ersten Blick erscheint? Für einen kriegslüsternen Herrscher wohl zweifellos. Kurfürst Friedrich August I. von Sachsen aber liebte den Frieden. Und noch mehr das Porzellan. Außerdem konnte er solchermaßen zwei Fliegen mit einer Klappe schlagen. Abbau der zu unvernünftiger Größe aufgeblähten Militärstreitkräfte und Aufbau eines von ihm geplanten Schlosses für die Ausstellung seiner Porzellan-Sammlung. So verrückt hängen die Dinge manchmal zusammen.

Beginnen wir also mit der Qualität der Zeit im Kurfürstentum Sachsen und Königreich Polen Anfang des 18. Jahrhunderts.

Es war eine Blütezeit sächsischer Kultur. Der Dreißigjährige Krieg war endlich auch in seinen Folgeerscheinungen weitgehend überwunden. Das Volk atmete auf. Auch für die einfachen Menschen hätte eine herrliche Phase der Geschichte anbrechen können. Wirklich? Vielleicht, wäre da nicht dieser August der Starke gewesen, der von einer schier unersättlichen Gier nach Macht, Besitz und Ansehen befallen war.

Mit der Macht stand es nicht zum Besten. Kriege hat er immer verloren. Besser bestellt war es schon mit Besitz und Ansehen. Schon früh hatten die Schönen seines Landes seine Aufmerksamkeit erregt. Er zeugte angeblich Unmengen von Kindern mit ihnen. In Wirklichkeit aber hing sein Herz an den schönen

Dingen, die ihn umgaben, oder die er vor allem auf seinen Reisen an ferne Königshöfe entdeckte. Dabei hatte ihn das chinesische Porzellan ganz besonders angezogen. Eine Leidenschaft entflammte. Er nannte sie selbst „maladie de porcelaine", die Porzellan-Krankheit Sie sollte ihn bis zu seinem Tode 1733 fest im Griff halten.

Das zerbrechliche chinesische Porzellan war teuer, extrem teuer. Womit konnte man die Leidenschaft bezahlen? Mit Gold! Oder mit Soldaten. Denn das Gold des Staates war längst versilbert. Aber einfältige Geister glaubten noch immer an den *Stein der Weisen*. Also musste so schnell wie möglich ein Goldmacher her.

Da traf es sich gut, dass sich ein Alchemist aus Berlin vor seinen Häschern im sächsischen Wittenberg vermeintlich in Sicherheit gebracht hatte. Aber das war ein Irrtum. August der Starke fing ihn ein und befahl ihm, fürderhin für ihn Gold aus unedlen Metallen herzustellen.

Pech für ihn: Inzwischen wusste man in naturwissenschaftlichen Kreisen, das es unmöglich war. Die Qualität der Zeit leutete das Ende des Traumes vom *Stein der Weisen* ein, jener magischen Substanz, mit der es gelingen sollte, edles Gold aus unedlen Substanzen herzustellen.. Die Zeit der exakten Naturwissenschaften begann jetzt auch in der Chemie.

Es traf sich günstig, dass es in Sachsen schon eine lange Tradition im Bergbau gab. Unter den kompetenten Fachleuten ragte Ehrenfried Walther von Tschirnhaus heraus, der sich vor allem mit der Herstellung von Glas und Keramiken befasste und mit durch Brennspiegel erreichten hohen Temperaturen experimentierte. Also wurde der Naturwissenschaftler beauftragt, Johann Friedrich Böttger bei seinen Arbeiten zu beaufsichtigen. Diesem ungleichen Team gelang tatsächlich die Goldgewinnung. Allerdings nur im übertragenen Sinne. Sie schafften Besseres. Sie entwickelten am Hofe August des Starken „weißes Gold", das europäische Hartporzellan. Von Tschirnhaus starb just in dem Moment, als sein Adlatus Böttger das *Arkanum*, das Geheimnis der für damalige Zeiten sehr komplizierten Porzellanherstellung lüften konnte. Aber auch für Böttger begann keine glückliche Phase des Lebens, er verfiel Tabak und Alkohol. Kapriolen des Schicksals oder geheimnisvolle Verknüpfung?

August der Starke erwirtschaftete mit der ersten europäischen Porzellan-Manufaktur, die 1710 in der Albrechtsburg in Meißen untergebracht wurde, zumindest einen Teil der finanziellen Mittel, die dringend für die kulturelle Prachtentfaltung am Dresdner Hof benötigt wurden. Denken Sie nur an die prächtigen barocken Bauwerke wie den Zwinger und die Dresdner Frauenkirche, die Gemäldegalerie und Schloss Moritzburg. Er war wohl gar nicht so übel, der starke August, der Herrscher von Sachsen und bisweilen auch von Polen.

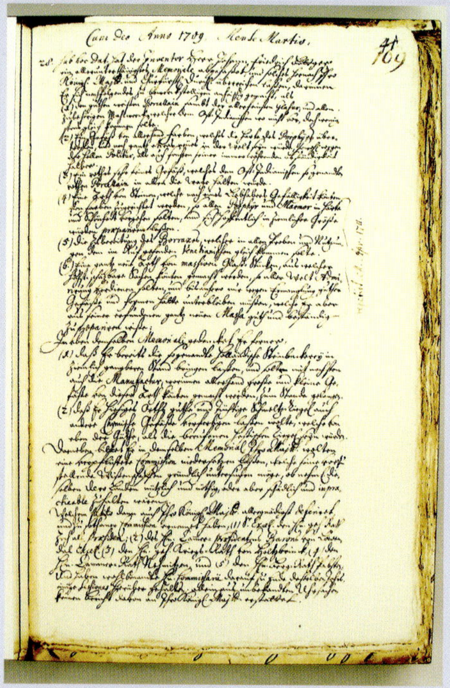

Cum Deo Anno 1709. Mense Martio.

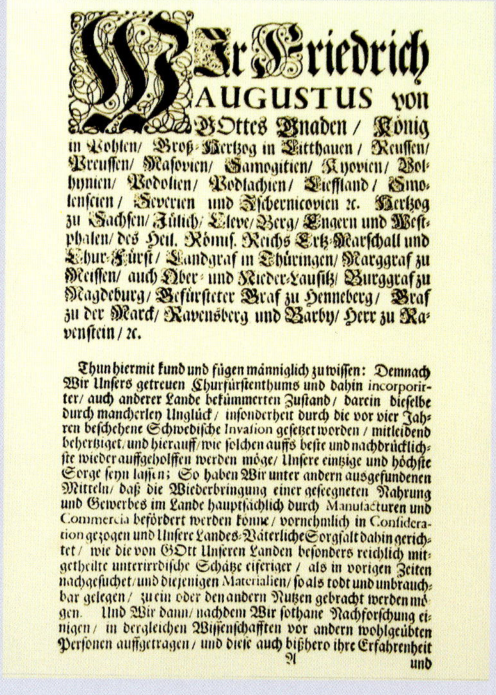

Wir Friedrich AUGUSTUS von GOttes Gnaden / König in Pohlen / Groß-Hertzog in Litthauen / Reussen / Preussen / Masovien / Samogitien / Kyovien / Volhynien / Podolien / Podlachien / Liefland / Smolenscien / Severien und Tschernicovien rc. Hertzog zu Sachsen / Jülich / Cleve / Berg / Engern und Westphalen / des Heil. Römis. Reichs Ertz-Marschall und Chur-Fürst / Landgraf in Thüringen / Marggraf zu Meissen / auch Ober- und Nieder-Lausitz / Burggraf zu Magdeburg / Gefürsteter Graf zu Henneberg / Graf zu der Marck / Ravensberg und Barby / Herr zu Ravenstein / rc.

Thun hiermit kund und fügen männiglich zu wissen: Demnach Wir Unsers getreuen Churfürstenthums und dahin incorporirter / auch anderer Lande bekümmerten Zustand / darein dieselbe durch mancherley Unglück / insonderheit durch die vor vier Jahren beschehene Schwedische Invasion gesetzet worden / mitleidend behertziget / und hierauff / wie solchen auffs beste und nachdrücklichste wieder auffgeholffen werden möge / Unsere eintzige und höchste Sorge seyn lassen; So haben Wir unter andern ausgefundenen Mitteln / daß die Wiederbringung einer geseegneten Nahrung und Gewerbes im Lande hauptsächlich durch Manufacturen und Commercia befördert werden könne / vornehmlich in Consideration gezogen und Unsere Landes-Väterliche Sorgfalt dahin gerichtet / wie die von GOtt Unseren Landen besonders reichlich mitgetheilte unterirrdische Schätze eiferiger / als in vorigen Zeiten nachgesuchet / und diejenigen Materialien / so als todt und unbrauchbar gelegen / zu ein oder den andern Nutzen gebracht werden mögen. Und Wir dann / nachdem Wir sothane Nachforschung einigen / in dergleichen Wissenschafften vor andern wohlgeübten Personen auffgetragen / und diese auch bißhero ihre Erfahrenheit

A

und

1700

Der Forscher

Ehrenfried Walther von Tschirnhaus

Sachsen besaß Anfang des 18.Jahrhunderts einen blühenden Bergbau und Wissenschaftler mit gut fundierten Kenntnissen auf vielen naturwissenschaftlichen Gebieten rund um die Gewinnung von Bodenschätzen. Unter ihnen war Ehrenfried Walther von Tschirnhaus einer der Bedeutendsten.Seine Forschungen in der damaligen Hochtemperaturphysik waren die Basis für die Entwicklung des Hartporzellans. Der Naturwissenschaftler, der immer nach Perfektion strebte, wurde mit einem Goldmacher konfrontiert, der nicht unterschiedlicher sein konnte. Johann Friedrich Böttger kam aus dem Umfeld der Alchemie und sollte Edles aus unedlen Metallen erschaffen. Das Schicksal entschied für diesen, denn der Auftrag konnte - wenn auch anders als erwartet - erfüllt werden. Der Naturwissenschaftler von Tschirnhaus starb schon 1708.

1705
Der Entwickler und Fabrikant Johann Friedrich Böttger

Am 4. Februar 1682 in Schleiz geboren ging Böttger in Berlin bei dem Apotheker Zorn in die Lehre. Bei ihm lernte er auch den Alchemisten Kunckel kennen, dessen Goldmacher-Phantasien ihn gefangen nahmen. In Berlin als Goldmacher verfolgt floh er nach dem damals sächsischen Wittenberg. Dort nahmen ihn die Häscher von August dem Starken gefangen. Dieser befahl ihm Gold zu machen oder zu sterben. So kurz so gut. Vorerst war das Glück Böttger hold. Sein Konkurrent von Tschirnhaus starb, die Erfindung des weißen Goldes, das *Arkanum*, rettete ihn vor dem Galgen.

1720

Farbchemiker und Maler
Johann Gregorius Höroldt

1731

Bildhauer und Formgestalter
Johann Joachim Kaendler

Nach der Gründung der Porzellanmanufaktur in der Albrechtsburg in Meißen sahen die ersten Jahre viele missratene Versuche und nur wenige gut gelungene Porzellanobjekte, die zur Ausstattung der sächsischen Paläste oder zum Verkauf an andere Fürstenhäuser dienen konnten. Nur der eisernen Energie von Johann Friedrich Böttger war es schließlich zu verdanken, dass die Manufaktur langsam zum Laufen gebracht wurde und ihre Produkte Geltung erlangten. Tragischerweise verfiel Böttger selbst immer stärker dem Alkohol und starb schließlich 1719 in Armut.

Dem fabrizierten Porzellan fehlte es 1720 nicht mehr an Grundqualität. Gegenüber dem chinesischen Vorbild vermisste man vor allem raffinierte Formen und leuchtende Farben. In dieser Phase gelang es Kurfürst Friedrich August I. offensichtlich Menschen an sich zu binden, deren Fähigkeiten handwerkliche und künstlerische Talente in sich vereinten. So stieß als erster 1720 Johann Gregorius Höroldt, ein begnadeter Farbchemiker und Maler, zur Mannschaft der Porzellanmanufaktur.

Eine neue Ära des Meissener Porzellans begann langsam Einzug zu halten. Waren es im ersten Jahrzehnt hauptsächlich technische und fabrikatorische Probleme, die einer Lösung entgegen geführt werden mussten, so ging es jetzt um die äußere Anmutung, die Farbfreudigkeit der Gegenstände und ihre raffinierte Formgestaltung.

Als Glücksfall erwies sich dabei zuerst Johann Gregorius Höroldt, der als Chemiker sehr viele der heute noch in Gebrauch befindlichen anorganischen Pigmentfarben entwickelte und diese selbst in farbenfreudige Dekore umsetzen konnte. Allmählich wurden dabei die zuerst kopierten chinesischen Vorbilder in eigenständig europäische Meisterwerke verwandelt.

Kurz vor dem Tod von August dem Starken begann dann die überaus erfolgreiche Ära von Johann Joachim Kaendler, der in den über 40 Jahren seiner Zugehörigkeit zur Meissener Manufaktur viele tausend Einzelformen entwarf, die sich teilweise heute noch großer Beliebtheit erfreuen. Er gilt als größter Porzellangestalter Europas.

Die Albrechtsburg: Die Manufaktur im Gefängnis

Nach der Erfindung des Hartporzellans in den Laboratorien am Hofe des Kurfürsten von Sachsen war Kurfürst Friedrich August I. mit zwei Problemen konfrontiert. Einerseits mussten Räumlichkeiten beschafft werden, die groß genug für die ins Auge gefasste Produktion waren. Andererseits musste versucht werden, das Geheimnis der Porzellanherstellung, das *Arkanum*, so lange wie möglich in Sachsen zu hüten. Die zu beschaffene Anlage musste also absperrbar und gut überwachbar sein. Eine optimale Lösung bot sich an: die Albrechtsburg in Meißen.

Der Grundstein für die Porzellan-Manufaktur in Meißen und eine jetzt schon bald 300jährige Erfolgsgeschichte war gelegt. Die Umgestaltung der Burgräume unter der Leitung von Johann Friedrich Böttger begann mit großem Elan und konnte schon 1710 fertiggestellt werden. Böttger selbst war in dieser Zeit zuerst praktisch ein Gefangener von Kurfürst Friedrich August I. Allerdings war es eine sehr lockere Gefangenschaft. Mit allen Annehmlichkeiten des damaligen Lebens ausgestattet, durfte er sein Gefängnis auch verlassen. Allerdings nur in Begleitung eines Gefolgsmannes des Königs, der mit seinem Kopf dafür bürgte, dass der Porzellan-Geheimnisträger nicht aus der Gefangenschaft entwischte.

Trotz noch so ausgeklügelter Maßnahmen konnte das Geheimnis der Porzellanherstellung allerdings nur wenige Jahre gewahrt werden. Die Konkurrenz stand *ante portas*.

Nach der Einrichtung der Manufaktur in der Albrechtsburg, die ungefähr drei Jahre in Anspruch nahm, begann 1713 die Erzeugung von Porzellan in fabrikatorischen Maßstäben. Der Ausschuss an gerissenen, zerbrochenen und zerplatzten Stücken ging zuerst nur langsam zurück. Zumal man sich auf Wunsch des Königs anfangs an möglichst großen Porzellanen versuchte. So manche der großen Vasen, der verspielten Tischaufsätze und lebensgroßen Tierfiguren aus Porzellan, aber auch aus dem rötlichbraunen Feinsteinzeug (heute Böttgersteinzeug® genannt), bei dem das Kaolin weitgehend durch eisenhaltigen Ton ersetzt war, wanderte in den Abfallkübel.

Nur dem eisernen Willen und der besonderen Durchsetzungskraft von Johann Friedrich Böttger ist es zu verdanken, dass nach einer für die neue Technik relativ kurzen Anlaufphase die Produktion dann in großen Stückzahlen ihren Auftrag, finanzielle Mittel für die Fortsetzung der kulturellen Ausgestaltung des Kurfürstentums Sachsen bereit zu stellen, gerecht werden konnte. Ganz entgegen dem allgemeinen Image erwies sich August der Starke für diese Leistung dankbar und hob für Johann Friedrich Böttger die Festungshaft 1714 auf. Für diesen kam jedoch die lang entbehrte Freiheit zu spät. Viele Jahre harter Arbeit unter aus heutiger Sicht geradezu kriminellen Umweltbedingungen, übermäßiger Tabakgenuss und wöchentliche Saufgelage hatten seine Gesundheit so unterminiert, dass sein Leben schon mit 37 Jahren endete. Das lag allerdings damals schon deutlich über der allgemeinen Lebenserwartung!

Die Albrechtsburg beherbergte die Manufaktur bis 1863. Sie zog danach – in den Burgräumen längst zu eng geworden – in ein neues Fabrikgelände am Beginn des Triebischtales, wo sie auch heute noch - immer wieder modernisiert - ihren Sitz hat.

18. Jahrhundert: Von der Erfindung zur Meisterschaft

Die Produktion der Porzellan-Manufaktur konzentrierte sich zuerst auf große Stücke. August der Starke interessierte sich speziell für Tierfiguren und gab deshalb entsprechende Porzellan-Plastiken in Auftrag. Als Anschauungsmaterial standen die Tiere in der königlichen Menagerie und in der Naturalienkammer zur Verfügung.

Die Porzelliner stellten diese Aufträge vor nicht geringe Schwierigkeiten. Als kleines Beispiel mag der nur 13 cm hohe Drache dienen. Ist die weiße Stütze nicht ein absurdes Beiwerk? Sie war allerdings aus fabrikationstechnischen Gründen unvermeidlich. Ohne eine solche Stütze würde der Vogel mit seinen zierlichen Beinen zwar formbar sein, aber er würde in der langen Phase zwischen Bossieren und Brennen in sich zusammensacken. Erst langsam lernten die Formgestalter das Notwendige mit dem Nützlichen zu verbinden und solche Stützen in die Skulptur gestalterisch mit einzubeziehen. Sehen Sie sich bitte noch einmal die Vogelplastik auf Seite 16 an. Hier ist es Johann Joachim Kaendler schon viel besser gelungen, den aus Stabilitätsgründen notwendigen Stamm in die Figur gestalterisch mit einzubinden.

Zu welcher Meisterschaft es die Formgestalter gegen Ende des Jahrhunderts gebracht haben, die Figuren so zu gestalten, dass die Form die Stabilität garantierte und trotzdem die ganze Meisterschaft einer Tierplastik ausstrahlte, das können Sie sich im Vorgriff bei den Vogelfiguren auf Seite 25 ansehen. Großartiges Können in der Formgestaltung des Porzellans, aber auch genaue Beobachtung der Tiere in der Menagerie und der freien Natur, waren Voraussetzung für solche Prachtstücke, die auch heute noch von Sammlern sehr begehrt sind und deswegen noch immer aus den alten Formen fabriziert werden.

Meissener Porzellan wird markiert

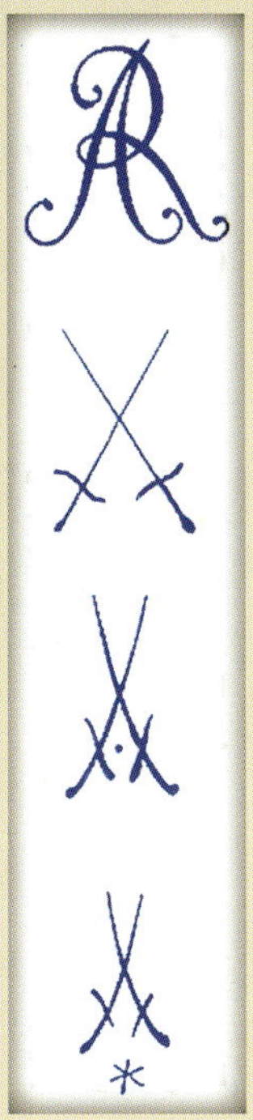

Das Meissener Porzellan wurde schon bald nach seiner Entdeckung ein bei allen Fürstenhöfen hoch geschätzter Tafelschmuck. Man trachtete deshalb an vielen Orten, das *Arkanum*, das Geheimnis der Porzellanherstellung zu lüften und eine eigene Porzellan-Manufaktur aufzubauen, um das Monopol von August dem Starken zu umgehen. Das Geheimnis konnte nicht lange gewahrt werden. Um so wichtiger wurde es, die einzigartigen Original-Kreationen auf einfache Art von den Nachahmungen unterscheiden zu können. Eine zweite, beinahe ebenso bedeutende Neuerung folgte der Erfindung des Porzellans: die eindeutige Kennzeichnung der Porzellane. Das Markenzeichen wurde für das Meissener Porzellan erfunden.

Die ab 1717 eingesetzte Unterglasurfarbe Kobaltblau ermöglichte eine Identifizierung mit dem Monogramm des Kurfürsten von Sachsen und Königs von Polen, August dem Starken (AR = Augustus Rex, siehe links oben).

Als noch wichtiger erwies sich in den Folgejahren ein Vorschlag des damaligen Manufakturinspektors Johann Melchior Steinbrück, den er am 8. November 1722 einreichte. Er schlug vor, das Schwerterpaar aus dem Kursächsischen Wappen zur Markierung des Meissener Porzellans zu verwenden. Der Vorschlag wurde angenommen und von diesem Zeitpunkt an das zweite Zeichen von oben für die Identifizierung des Meissener Porzellans eingesetzt. Damals natürlich noch unbewusst hatte damit der Siegeszug von Markenzeichen für Qualitätsprodukte begonnen.

Speziell „die blauen gekreuzten Schwerter“ schmücken seit nunmehr bald 300 Jahren Originalstücke aus Meissener Porzellan. Das Markenzeichen wurde in der Folgezeit zwar immer wieder geringfügig modifiziert, wie links oben bei den unteren beiden Zeichen, die ab 1763 bzw. ab 1774 eingesetzt wurden, zu sehen ist. Das Grundmotiv, die blauen gekreuzten Schwerter, blieb jedoch bis heute durchgehend erhalten. Damit wurde diese Identifizierung eines deutschen Qualitätsproduktes zu dem ältesteten, noch heute verwendeten deutschen Markenzeichen überhaupt. „Die bluen gekreuzten Schwerter “werden sich auch in der Zukunft als Aushängeschild deutscher Porzellankunst behaupten.

Die Affenkapelle

Seit dem 18. Jahrhundert ist besonders eine Figurengruppe zu einem Synonym für Meissener Porzellan geworden: die Affenkapelle mit ihren 21, knapp 20 cm hohen Einzelfiguren. Das erscheint auf den ersten, flüchtigen Blick ganz unverständlich. Beschäftigt man sich aber intensiver mit diesen kunstvoll gearbeiteten Porzellanobjekten, dann beginnen sie, einen ganz eigenartigen Reiz auf den Betrachter auszuüben. Versuchen wir, diese Faszination näher zu ergründen, dann treffen wir neben dem skurilen Motiv musizierender Affen auf eine geradezu ideale Kombination aus Formen und Farben.

Die Fähigkeiten von dem genialen Formgestalter Johann Joachim Kaendler und dem ebenso talentierten Maler und Farbchemiker Johann Gregorius Höroldt wurden in einer für die Manufaktur besonders kritischen Geschäftsphase gepaart, um die Krise erfolgreich zu überstehen.

Das Problem bestand in der Marktsättigung für große Porzellanobjekte. Neue Marktsegmente außerhalb der Fürstenhöfe mussten erschlossen werden.

Johann Joachim Kaendler war aus heutiger Sicht nicht nur Formgestalter sondern auch Marketingexperte. Er entwickelte als erster den schon bald bedeutenden Marktsektor der Kleinfiguren aus Porzellan. Sie waren für das aufstrebende Bürgertum preislich noch gerade erschwinglich und begründeten die Sammelleidenschaft, die heute noch in aller Welt den Wunsch nach Besitz dieser Figuren – 250 Jahre später – aufrecht erhält.

Auf der gegenüberliegenden Seite sehen Sie weitere Figurengruppen, die sich bis heute großer Beliebtheit erfreuen. Oben links und rechts Beispiele aus der Serie „Pariser Ausrufer", die möglicherweise auf Eindrücke bei einer Pariser Reise von Johann Joachim Kaendler zurückzuführen sind.

Unten sieht man eine herrliche Szene aus einer umfangreichen Sammlung höfischer Rendesvous, die besonders prächtig ausgeführt wurden und immer auch Symbolcharakter ausstrahlen. Typisch ist der einbezogene kleine Mops-Hund, der bei solchen Plastiken auf ein Umfeld aus dem Leben der Freimaurer hindeutet.

Auf dieser Seite noch einmal zwei ausgesucht prächtige Beispiele für die Fähigkeiten der damaligen Formgestalter und Porzellanmaler der Porzellanmanufaktur von Meissen in der zweiten Hälfte des 18.Jahrhunderts. Auch bei diesen Motiven war Johann Joachim Kaendler federführend. Ausgedehnte Beobachtungen solcher Vögel führten zu ganz charakteristischen Abbildern aus der Natur, die auch heute noch begehrte Objekte der Sammelleidenschaft sind. Allerdings sind diese relativ großen Plastiken, die anfangs ausschließlich für den König gefertigt wurden, nur für begüterte Zeitgenossen erreichbar.

19. Jahrhundert:
Die verspielte Sachlichkeit

Während sich nach der Erfindung des europäischen Hartporzellans im 18. Jahrhundert dieser neue Werkstoff zuerst als künstlerisch gestalteter Tafelschmuck in den Häusern des Hochadels durchsetzte und das bis dahin benutzte Geschirr aus Gold, Silber, Zinn oder auch schon chinesischem Porzellan ersetzte, war die Entwicklung nach dem napoleonischen Zeitalter durch das Aufblühen eines neuen Bürgertums gekennzeichnet.

Folgerichtig begann das Meissener Porzellan jetzt auch seinen Siegeszug in den „guten Stuben" des Mittelstandes anzutreten. Schon bald gehörte es zum Aushängeschild eines Kaufmannes, eines Arztes oder Rechtsanwaltes ebenso wie eines Senators oder Bürgermeisters, in seinen Empfangsräumen mit Tafelgeschirr oder Figuren aus Meissener Porzellan prunken zu können.

Hatte der Figurenschmuck an den Tafeln des Adels im vergangenen Jahrhundert neben der Schönheit der Darstellung immer auch noch Unterhaltungscharakter gehabt, in dem die Figuren mit auf den ersten Blick verborgenen Symbolen und Botschaften ausgestattet waren, so verloren die Stücke des 19.Jahrhunderts diese Rätsel und ersetzten sie durch realistische Sachlichkeit, aber auch durch verspielte Traum- und Wunschvorstellungen. Einige Muster solcher Figuren werden auf diesen und den folgenden Seiten beispielhaft präsentiert.

Im Laufe des Jahrhunderts prägten dann viele neue Gestaltungskünstler das Aussehen der Porzellanfiguren, währen die zeitlosen, von Johann Joachim Kaendler geformten Tafelgeschirre und das Zwiebelmuster unverändert hoch im Kurs standen.

Das 19.Jahrhundert gilt als das erste industrielle Jahrhundert. Trotzdem entschied man sich in der königlich Sächsischen Porzellan-Manufaktur Meissen dafür, auch weiterhin die Handarbeit zu forcieren und in den Dekoren deutlich sichtbar zum Ausdruck zu bringen. Eine Entscheidung, die schon damals mutig war, bis zur Gegenwart aber nicht revidiert wurde und heute die Einzigartigkeit dieser Firma unterstreicht.

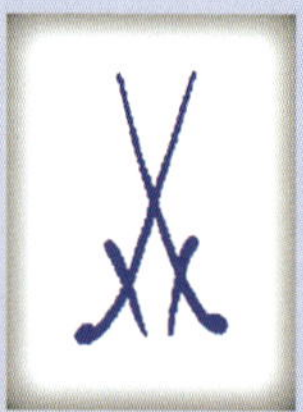

ab 1815

Das Markenzeichen blieb auch im 19.Jahrhundert praktisch unverändert.

Schönheit des Details

Die Entdeckung des Details offenbart eine ganz neue Welt der Porzellankunst!

Wagen Sie bei nächster Gelegenheit einen Blick in die reiche Bemalung auch der kleinsten Figuren und Plastikelemente. Mit welch einer Liebe zum farbigen Detail wurde hier die Porzellanform meisterhaft ausstaffiert, eine Könnerschaft, die viele Jahre intensiver Übung voraussetzt.

Ganz typisch für Figuren aus dem 18. Jahrhundert sind komplexe Darstellungen mit Nebenschauplätzen.

Als Beispiel zeige ich Ihnen hier die balgenden Buben aus der obigen Plastik, die bis in die letzten Details ausgeformt und sehr sparsam mit Farben ausstaffiert wurden.

Das strahlend weiße Porzellan wird ganz bewusst unverhüllt zur Schau gestellt und betont damit die Eigenheit dieses Materials.

Natürlich und schön

Anstatt einer Affenkapelle der Fantasie kehrt bei den Formgestaltern im 19.Jahrhundert langsam eine Besinnung auf die natürliche Schönheit der Umwelt ein. Das bezieht auch das menschliche Abbild und hier gerade die Figuren aus Kindheit und Jugend in die Porzellanformgestaltung ein. Genaue Beobachtung und meisterliches Können schaffen dann im Zusammenwirken ausdrucksstarke Kinderfiguren wie bei den Beispielen dieser Seite.

Zwei Favoriten der ernsthaften Sammler

Meisterwerke aus der Zeit Ende des 19., Anfang des 20. Jahrhunderts: Von Max Esser eine wundervolle Burmaente in typischer Pose. Beachten Sie die raffinierte Einbeziehung des notwendigen Stützfußes in die gesamte Plastik. Welch ein Fortschritt verglichen mit dem kleinen Drachen auf Seite 20!

Tukan, der Pfefferkörnerfresser. Eine besonders auffällige Darstellung eines exotischen Vogels von Paul Walther, einem Meister der Tierporzellane. Diese Vogelplastik gehört auch heute noch zu den Favoriten der Sammler Meissener Porzellans und wird laufend weiter gefertigt.

20. Jahrhundert: Vom Jugendstil zum Millenium

Der Jugendstil am Beginn dieses ereignisreichen 20. Jahrhunderts läutete zuerst einmal eine neue Blütezeit für Meissener Porzellanfiguren ein. Mit Konrad Hentschel (1872-1907) und seinen berühmten und bezaubernden Kinderfiguren hielt das Jahrhundert auch in der Meissener Porzellanmanufaktur seinen Einzug. Die mit einer wunderbaren Einfühlsamkeit gestalteten – im übrigen recht großen – Figuren sind zu begehrten Sammlerstücken geworden und werden nach wie vor in bedeutenden Stückzahlen produziert. Niemand vorher oder auch nachher hat typische Szenen aus der Kinderwelt mit einer solchen Könnerschaft in künstlerisches Porzellan übersetzt. Leider war diesem großartigen Künstler nur eine sehr kurze Schaffensperiode in der Meissener Manufaktur gegönnt. Wie Johann Friedrich Böttger wurde auch er schon in der Blüte seiner Schaffenskraft aus dem Leben gerissen. Was für Kunstwerke sind uns durch diesen frühen Tod entgangen!

Der weitere Verlauf des 20.Jahrhunderts war durch zwei verlustreiche Weltkriege beeinflusst, die auch in künstlerischer Hinsicht zur Auflösung und Umänderung aller Werte beitrugen. Die Arbeit der Meissener Manufaktur war in ihrer weiteren Entfaltung und künstlerischen Reaktion auf die neuen Zeitströmungen stark durch Diktatur, Zusammenbruch und neuerliche Diktatur beeinträchtigt und konnte sich erst im letzten Jahrzehnt erholen.

Auf dieser Doppelseite finden Sie Abbildungen von typischen Hentschel-Kindern, wie diese zauberhaften Kinder-Plastiken aus Porzellan schon bald von den Sammlern genannt wurden.

Wie alle Porzellanfiguren der Staatlichen Porzellan-Manufaktur Meissen wurden und werden natürlich auch die Hentschel-Kinder händisch gefertigt. Das bedingt von Figur zu Figur eines gleichen Modells eine gewisse Toleranz in Form, Größe und vor allem in der Staffierung. Jede Porzellanmalerin und jeder Porzellanmaler bemalen die kleinen Kunstwerke nach einem vor ihnen stehenden Muster, dem sie nacheifern. Das geschieht allerdings nicht ohne kleine Änderungen, die ihrem persönlichen Stil entsprechen und so zu einer eigenen Handschrift werden.

Schauen sie einmal auf die beiden Buben auf ihren Holzpferdchen. Sie wurden von zwei verschiedenen Malern ausstaffiert. Erkennen Sie Unterschiede? Sie manifestieren die Toleranzbreite, innerhalb der eigene Vorstellungen eingebracht werden können.

Jahrhundert der radikalen Änderungen

Der erste Weltkrieg, die totale Niederlage, und im Gefolge davon die verlustreichen Kämpfe um die Macht im Nachkriegsdeutschland bedeuteten für das Land in seiner Gesamtheit einen tiefen Einschnitt. Die Gesellschaftsstruktur hatte sich radikal geändert. Das Bürgertum des 19.Jahrhunderts erlitt durch die Inflation riesige Verluste. Das musste sich auch auf die Wirtschaft, speziell auf die Erzeugung von Luxusgegenständen auswirken, zu denen das Meissener Porzellan zweifellos zu zählen war. Das darniederliegende Inlandsgeschäft erholte sich nur langsam von dem Nachkriegsschock. Besser war es dagegen mit dem Export bestellt. Die Qualität des Meissener Porzellans hatte sich inzwischen weltweit durchgesetzt. Das auch im 20.Jahrhundert nur unwesentlich geänderte Markenzeichen „die blauen gekreuzten Schwerter" stand weiterhin für künstlerisches Porzellan in höchster Vollendung. In den zwanziger Jahren feierte das rote Steinzeug, das „Böttgersteinzeug"®, eine unerwartete Wiederbelebung. Dazu trugen Plastiken von Ernst Barlach und Max Ernst aus diesem Material ganz wesentlich bei.

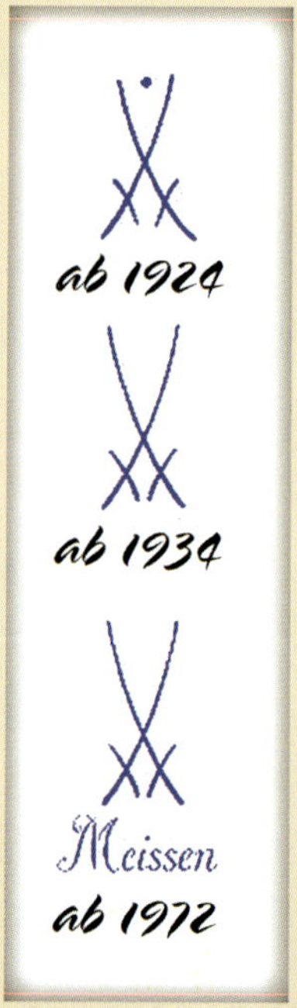

Während in dem nur langsam wieder zu Wohlstand gelangenden Bürgertum mit Wertvorstellungen einer längst vergangenen Zeit die Vorliebe für Porzellane des 18. und 19.Jahrhunderts unverändert stark ausgeprägt war, blieben die neuen Richtungen der Bildenden Künste – man denke nur an Expressionismus, Dadaismus und dergleichen – vorerst im künstlerischen Porzellan ohne jeden Niederschlag.

Interessanterweise war offenbar auch der Nationalsozialismus mit seinen übersteigerten Ausdrucksformen zu kurzlebig, als dass er wesentliche Spuren in der Porzellankunst hinterlassen konnte.

Nach dem zweiten totalen Zusammenbruch des Jahrhunderts erstand die Porzellan-Manufaktur in der DDR als VEB Staatliche Porzellan-Manufaktur Meissen wieder. Sie konnte ihren Qualitätsstandard schon bald nach der Neugründung nicht nur halten, sondern durch intensive Ausbildung eines neuen Mitarbeiterstammes sogar noch festigen und verbessern. Erste Aufgabe war es, den Export der schon aus der Vergangenheit bekannten Formen in das westliche, devisenstarke Ausland wieder neu auf- und auszubauen. Eine Aufgabe, die hervorragend gelöst wurde und nach der Wiedervereinigung zum Weiterbestand wesentlich beitrug.

Die Begegnung mit der Meissener Porzellankunst

Nach soviel historischem Background und den vielen Abbildungen von künstlerischem Meissener Porzellan erwarten Sie jetzt endlich eine Schilderung meiner ganz persönlichen und naturgemäß subjektiven Eindrücke bei dieser Begegnung der besonderen Art. Dabei habe ich einen ganz entscheidenden Vorteil Ihnen gegenüber. Ich durfte mir all diese Figuren, die in der Schauhalle, vor allem aber in all den vielen Produktionsstuben verborgen waren nicht nur aus nächster Nähe anschauen und fotografieren, ich durfte sie auch anfassen, das glatte Porzellan in all seinen Formen mit seiner kühlen Oberfläche erfühlen. Ein haptisches Vergnügen, das nur schwer zu beschreiben ist. Am besten, Sie machen es mir nach und kaufen sich ein paar kleine Porzellanfiguren. Sie werden die Ihnen innewohnende Kraft schon bald auf Sie übertragen. Wirklich!

Wie habe ich mich nun diesen Gegenständen genähert? Zuerst mit dem Verstand. Es ging also um die Formen in all ihren Ausgestaltungen. Dabei fiel mir auf, dass mit dem Eintritt von Johann Joachim Kaendler in die Manufaktur im Jahre 1731 immer die künstlerische Formgestaltung in diesem Unternehmen an erster Stelle rangierte. Bis heute. Die künstlerische Leitung der Manufaktur lag immer in den Händen der von der Pike aus aufgestiegenen Bossierer mit nachfolgender Hochschulausbildung in Kunst und Design.

Die Kunstgegenstände der Meissener Manufaktur beeindrucken zuerst einmal durch ihren Formenreichtum, der Herstellungskompetenz auf höchstem Niveau voraussetzt. Erst in zweiter Linie haben dann Porzellanmaler von hohem handwerklichen Können die Porzellangegenstände zu einem Gesamtkunstwerk weiter entwickelt. Das ist interessant.

Formen und Farben sind Antagonisten. Während Formen vom Verstand erfasst werden, wirken Farben unter Umgehung unseres Verstandes direkt auf unser Gefühl. Ob wir wollen oder nicht. Emotionen entstehen in unserem Unterbewusstsein, wir können uns nur schwer dagegen wehren.

Als erstes Fazit meiner Begegnung mit dem Meissener Porzellan wurde mir bewusst: Diesen kleinen Kustgegenständen können wir uns umso weniger entziehen, je gelungener sich unserem Auge die Einheit aus Form und Farbe darbietet.

Die Meissen-Galerie: Porzellan-Kunst von heute

Nicht Meissen, sondern Deutschlands Hauptstadt Berlin, wählten die Mitarbeiter der Porzellan-Manufaktur, um ihre neuesten Schöpfungen in einem repräsentativen Umfeld in ständig wechselnden Ausstellungen zu präsentieren. Ich meine, eine Auswahl dieser Kunstobjekte gehört auch in dieses Buch.

Zum einen hat die Begegnung mit diesen wundervollen, manchmal aufregenden Exponaten, einen bedeutenden Anteil an der Faszination, die heute Meissener Porzellan auf mich ausstrahlt. Andererseits kann man an den Werken dieser Porzellankünstler sehr gut beobachten, wie das Umfeld der zeitgenössischen Kunst langsam auch Einfluss auf die Porzellankunst von heute gewinnt. Aber auch, wieweit die technologischen Grenzen des händisch gefertigten Porzellans heute schon hinausgeschoben sind.

Wir sprachen schon von den Antagonisten Form und Farbe und dem Primat der Formgestaltung in der Meissener Manufaktur. Schauen Sie auf die Skulptur rechts unten, die ich in der Werkstatt des derzeitigen künstlerischen Leiters der Manufaktur Jörg Danielczyk entdeckte. Aus der Sicht unserer Antagonisten-Diskussion zweifelsohne ein Zwitter. Zuerst wirkt auf uns die Farbe: Der goldene Kopf erzwingt Aufmerksamkeit, überstrahlt die ganze Figur. Erst dann beginnt die Form, die außerhalb des Kopfes den Sockel, auf dem er ruht eigenartig auflöst, auf uns zu wirken. Wir sind leicht überrascht. Bei dem Formgestalter Danielczyk finden wir ein relativ neues Werk, das sich zuerst einmal durch seine Farbe ins Bild setzt. Porzellankunst im Umbruch! Ist es den Künstlern schon bewusst geworden?

Betrachten wir die wundervoll schlichte und doch sofort ansprechende Dreierkombination der Harlekins mit Vogel auf der gegenüberliegenden Seite. Wurde sie bewusst in dieser Form zusammengestellt? Zweifellos, denn sie dient eigentlich nur zur Demonstration und zum Vergleich der verschieden Werkstoffe. Für mich entstand dabei aber auch wie von selbst ein kleines, eigenständiges Kunstwerk nach dem Motto: das Ganze ist mehr als die Summe seiner Teile. So wie Kunstwerke oft zum Erstaunen des Künstlers während der Schöpfungsphase ein gewisses Eigenleben entwickeln.

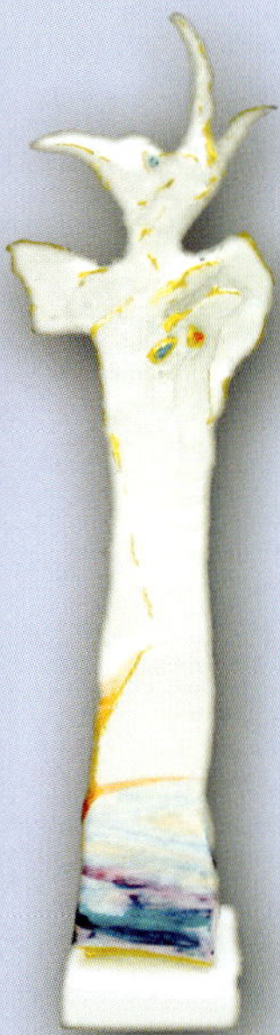

Jörg Danielczyk

28.06.1952 in Altzschillen geboren
1969-73 Zeichenschule und Ausbildung zum Bossierer und Modelleur in der Staatlichen Porzellan-Manufaktur
1978-82 Akademische Ausbildung an der Hochschule für Bildende Künste in Dresden
1986-89 Hochschule für Industrielle Formgestaltung in Halle. Abschluss als Diplom-Designer
1994 Künstlerischer Leiter der Abteilung Gestaltung

Peter Strang

07.07.1936 in Dresden geboren
1950-54 Ausbildung zum Bossierer in der Staatlichen Porzellan-Manufaktur in Meissen
1954-55 Bossierer in der Manufaktur
1955 Studium an der Hochschule für Bildende Künste Dresden, Fachrichtung Plastik
1968 Dipl. Plastiker in der Entwicklungsabteilung der Manufaktur
1993 Künstlerischer Leiter der Manufaktur und Chefplastiker

Peter Strang gilt als einer der bedeutenden-kleine Theaterdirektor rechts lebende Künstler der Staatlichen Porzellan-Manufaktur in Meissen. Ein *Aha!*-Erlebnis mit 6 Jahren in der Schauwerkstatt der Manufaktur sollte sein weiteres Leben nachhaltig beeinflussen. Von da ab drehte sich seine Welt um Porzellan und die Möglichkeit, seiner reichen Fantasie mit diesem Werkstoff Ausdruck zu verleihen. Und was für einen Ausdruck! Berühmt wurden zum Beispiel sein *Sammler* links oben, wie auch die Märchenfigur *Titania* mit *Zettel* aus Shakespeares *Sommernachtstraum* nach einer Theaterinszenierung am Deutschen Theater in Berlin (siehe Seite 62!).

Peter Strang hat daneben ganz besonders als Vorbild und Lehrer auf seine Schüler gewirkt, die von seiner Leistungskraft und Präzision angesteckt wurden und von denen er eine Auswahl besonders Begabter in der Meissener Galerie in Berlin um sich geschart hat.

Die kleine Figur rechts stammt von **Paul Scheurich** (1883-1945).

Die Figuren auf dieser Seite markieren den Wiederbeginn der künstlerischen Porzellangestaltung nach dem zweiten Weltkrieg. Die putzigen Figuren nach den astrologischen Sternzeichen stammen von **Heinrich Thein** aus dem Jahre 1947. Sie erfreuen sich noch heute nicht nur bei Sammlern großer Beliebtheit.

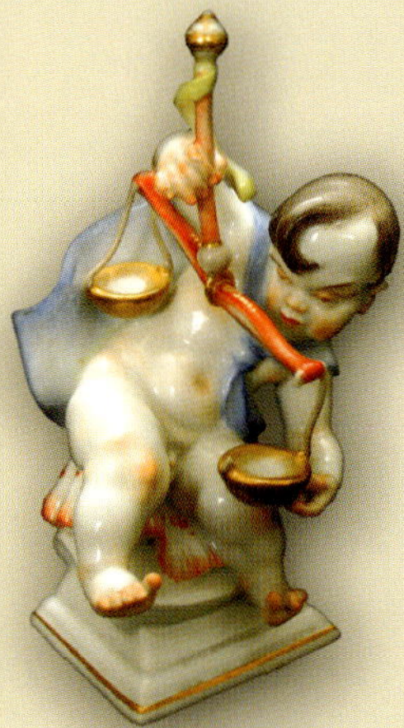

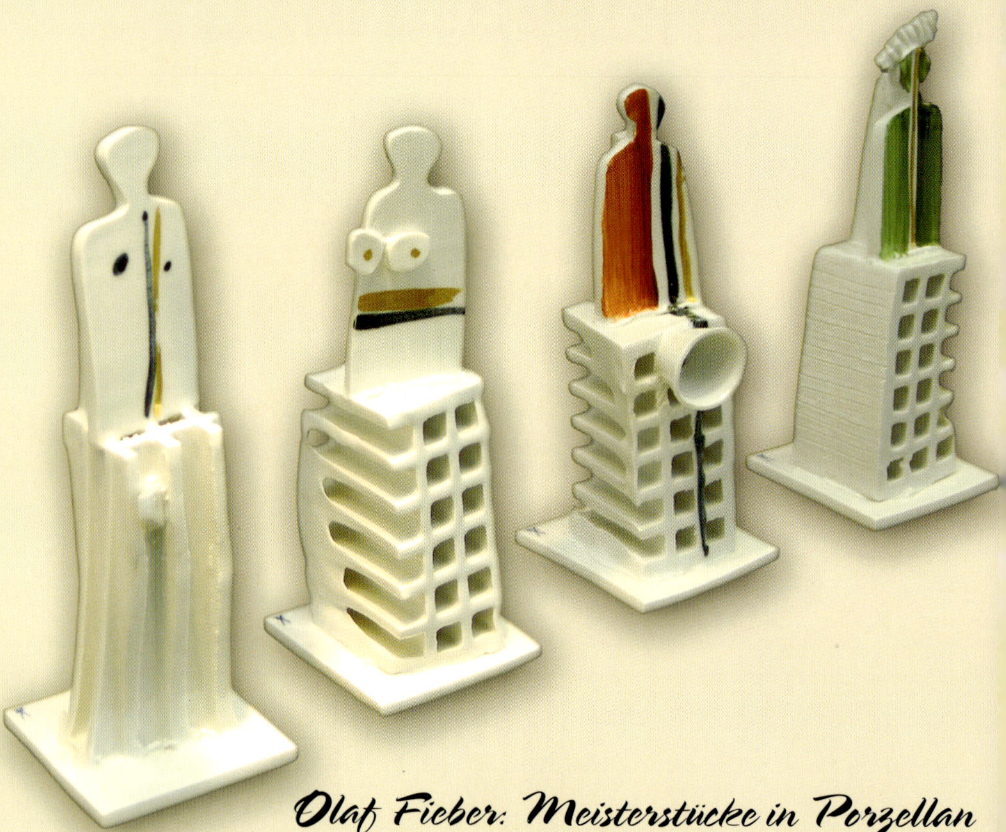

Olaf Fieber: Meisterstücke in Porzellan

1966 in Meißen geboren
1983-87 Lehre als Porzellangestalter/Bossierer
1989-90 externes Studium an der Fachschule für Angewandte Kunst in Heiligendamm, Abschluss als Produktdesigner
Ab 1991 in der künstlerischen Entwicklung als Designer tätig

Prof. Heinz Werner

Der in Coswig bei Meissen geborene Nestor der modernen Dekorgestaltung feierte am 27.8.2003 seinen 75. Geburtstag. Er begann seine Laufbahn in der Meissener Manufaktur als Porzellanmaler, Sparte Vogelmalerei. Seine Vorliebe galt schon seit den 50er Jahren dem malerischen Gestalten von Wandbildern. In der Hochschule für Bildende Künste in Dresden im Fach Tafelmalerei ausgebildet, entstanden im Laufe der folgenden Jahrzehnte eine Vielfalt von Dekorentwürfen und vor allem Porzellanbilder aus der Märchenwelt der Fantasie. Aus heutiger Sicht gewinnt man den Eindruck, dass die Porzellanmaler während der DDR-Zeit vielleicht weniger materielle Vorteile genossen, dafür aber geistige. Als Künstler hatten sie den Vorteil, in einer Traumwelt leben zu dürfen, die allen Außenstehenden verschlossen blieb. Sie konnten ferne Welten besuchen, ohne ihren Standort verlassen zu müssen. Die Bilder aus 1000 und einer Nacht sind für mich besonders eindrucksvolle Beispiele für diese Flucht in eine andere, eine bessere Welt. Vielleicht ist solcherart das Geheimnis der besonderen Ausstrahlungskraft dieser Porzellanbilder.

Zusammen mit dem Formgestalter Ludwig Zepner und dem Plastiker Peter Strang gehörte Heinz Werner zu den Gründungsmitgliedern der Gruppe *Künstlerische Entwicklung* in der Meissener Manufaktur, die schon 1960 begann, unabhängig von allen Kunstrichtungen eine eigenständige Porzellankunst zu entwickeln und bald meisterhafte Beiträge zu leisteten.

Schauhalle: das Museum in der Manufaktur

Die Produktion der Meissener Porzellan-Manufaktur umfasste Anfang des 20. Jahrhunderts schon viele Tausend Porzellane. Sie verlangten geradezu danach, öffentlich präsentiert zu werden. Mitten im ersten Weltkrieg, 1916, eröffnete man endlich innerhalb der Fabrikationsanlagen im Triebischtal einen repräsentativen Museumskomplex mit Schauhalle und Schauwerkstatt.

Hier kann man wertvolle Stücke aus der Anfangszeit des europäischen Hartporzellans ganz aus der Nähe betrachten und die Schönheit von Form und Farbe in sich aufnehmen. Immer wieder wechselnde Tischporzellane geben einen Eindruck von der Jahrhunderte alten Tischkultur bei festlichen Anlässen.

Die in der Schauhalle jeweils den Besuchern präsentierten Stücke stellen immer nur einen kleinen Prozentsatz des umfangreichen Museumsbestandes der Staatlichen Porzellan-Manufaktur dar. Insgesamt lagern in den Depoträumen, streng nach Formnumern, Herstellungsjahr und Art getrennt, über zwanzigtausend Porzellane. Daraus werden jeweils ungefähr dreitausend für die jährlich wechselnden Ausstellungen in der Schauhalle ausgesucht und in den verschiedenen Räumen so präsentiert, dass der Beschauer einen möglichst guten Überblick über die Figuren und Gefäßporzellane der letzten drei Jahrhunderte bekommt und zu eigenem Besitz angeregt wird.

In der Schauhalle werden sowohl Figuren aus den vergangenen Jahrhunderten als auch moderne Kreationen der heutigen Porzellan-Künstler ausgestellt. Die hier gezeigten Vitrinen enthalten Serviceteile und fantasievolle Schöpfungen von Porzellangestaltern wie Strang, Danielczyk, Klöde, Wachs und Gaube. Alle diese zeitgenössischen Kreationen können ganz aus der Nähe betrachtet und bei Wohlgefallen im angeschlossenen Kaufraum mit weiteren Verkaufsprodukten erworben werden.

Schauwerkstatt und Fabrikation: Einblick in den Hertstellungsprozess

Neben der Schauhalle findet bei den Besuchern die angeschlossene Schauwerkstatt ganz besonderes Interesse. Man ist einfach neugierig, wie denn Meissener Porzellan unter den Händen künstlerisch begabter Handwerker entsteht. Oft müssen sich deshalb die Besucher, wie auf dem obigen Bild zu sehen, vor dem Einlass etwas gedulden, weil vor ihnen gerade Interessenten aus den verschiedensten europäischen und außereuropäischen Ländern den Museumskomplex und speziell die Schauwerkstatt betreten haben.

In fünf Abteilungen werden die Besucher in einer von 13 zu wählenden Sprachen in die einzelnen Produktionsschritte eingeführt.

Zu Beginn erfolgt im Vorführraum (siehe rechts oben) ein Überblick über Geschichte, Rohstoffe und die angewandte Technologie. Dabei erfahren die Gäste etwas über den Ausgangspunkt jeden Porzellans, das weiße Kaolin, das schon seit langer Zeit fortlaufend immer in dem kleinen manufaktureigenen Bergwerk bei Seilitz unweit von Meißen gewonnen wird. Zusammen mit Flussspat und Quarzmehl entsteht daraus nach Zugabe von Wasser ein Grundprodukt, das nach dreimonatiger Lagerung in einem genau kontrollierten Feuchtklima die matschig graue Ausgangsmasse jeden Porzellans, die eigentliche Porzellanmasse bildet.

Der Verkaufsraum lädt ein

Wird Ihnen zwischen dem Besuch der Schauhalle und dem Einlass in die Schauwerkstatt die Wartezeit zu lang, dann bietet sich schon jetzt eine Stippvisite im dritten Höhepunkt des Besuchsprogramms in der Porzellan-Manufaktur an, dem Verkaufsraum. Bis sich die Besucherströme verlaufen haben, können Sie sich in aller Ruhe in einer Vielzahl von dicht gefüllten Glasvitrinen das Souvenir aussuchen und von den freundlichen Damen zurückstellen lassen, welches Sie nach Abschluss der Besuchstour erwerben wollen. Ganz egal was Sie sich auswählen, ein Zwiebelmuster aus dem 18. Jahrhundert oder eine brandneue Figur der heutigen Porzellankünstler, es wird Sie immer an die eindrucksvolle Besichtigung erinnern und neue Wünsche wecken.

Drehen und Formen: „Aus Schiet wird Schokolade"

In der Schauwerkstatt führt uns der Weg nach einer kurzen Einführung im Filmsaal in die erste Werkstatt, die Drehherei und Formerei. Der Dreher benutzt eine Drehscheibe, nicht unähnlich der in einer Töpferei benutzten. Mit den Füßen angetrieben entsteht unter den kundigen Händen des erfahrenen Drehers aus der zylinderförmig angelieferten Porzellanmasse jede Art von rotationssymmetrischer oder quetschbarer Form.

Nur Teller und Vasen können in einem einzigen Arbeitsgang geformt werden. Die meisten der gewünschten Produkte sind nicht so einfach aufgebaut. Sie müssen aus mehreren Teilen zusammengesetzt werden. Zur Herstellung der Einzelteile dienen Formen, in denen Schlicker, das ist eine aus Kaolin, Flussspat und Quarzmehl in einem zeitaufwendigen Verfahren hergestellte, relativ leicht formbare Masse, durch Rotation oder mit Hilfe einer Spindelpresse in die passende Form gebracht wird.

Die Formen selbst bestehen aus Gips, einem nicht sehr strapazierbaren Material. Warum verwendet man nicht härtere Werkstoffe, die in großer Vielfalt verfügbar wären? Die Frage scheint aus der Sicht eines Laien berechtigt. Die Antwort ist überraschend einfach. Nur Gips hat die Fähigkeit, Wasser aus der Schlickermasse aufzunehmen. Dadurch bekommt das zu formende Objekt nicht nur eine blasenfreie Oberfläche, ohne die Wasseraufnahme ließe sich das geformte Produkt nicht von der Form trennen.

Das ist ein Beispiel für die komplizierten Zusammenhänge, die man bei näherer Be-

trachtung an vielen Stellen des Produktionsablaufes entdecken kann.

Auf dieser Seite sehen Sie zwei verschiedene Formensätze. Oben eine alte Form aus der Zeit August des Starken, also aus der ersten Hälfte des 18.Jahrhunderts. Schon die Form mutet heute wie in Kunstwerk an. Rechts ein Formensatz einer Apostelfigur. Sie können leicht erkennen, aus wievielen Einzelteilen ein solches, doch gar nicht übermäßig kompliziertes Objekt zusammengesetzt werden muss.

Es handelt sich übrigens um die Figur, die in ihrer vollen Schönheit auf Seite 3 abgebildet ist. Wie aber finden die vielen Teile zusammen, so dass schließlich das Ganze entsteht? Ein Ge heimnis? Begeben wir uns in die nächste Werkstatt, zum Arbeitsplatz des Bossierers. Er wird das Geheimnis schnell lüften.

Bossieren: „Das Ganze ist mehr als die Summe der Teile"

Auf kurzem Weg kommen wir in der Schauwerkstatt vom Drehen und Formen in die nächste Arbeitsstube: Die Bossiererei. Was versteckt sich hinter diesem, wie mir, auch den meisten Mitbürgern zuerst unbekannten Begriff? Da nützt auch ein Blick in ein noch so gutes Lexikon nicht viel.

Bossieren ist offenbar ein handwerklicher Arbeitsgang, der ganz speziell in der Porzellan-Herstellung angewendet wird. Er umfasst alle Arbeiten zwischen dem Formen und dem ersten Brennen eines Werkstückes. Je komplizierter das Endprodukt, desto umfangreicher die Arbeit des Bossierers. Schauen Sie sich einmal genau die Platte auf der rechten Seite an. Auf diese Weise erhält der Bossierer die Einzelteile von drei Bausätzen einer Figur, die im ausgeformten Zustand wie oben auf der Seite die Bossierstube verlassen wird.

Das Endprodukt als Muster immer vor Augen klebt die Bossiererin Teil für Teil mit speziellem Schlicker als „Klebstoff" möglichst ohne Spuren zu hinterlassen mit dem Grundkörper zusammen. Danach folgen eine sorgfältige Überarbeitung der Figur und die Beseitigung von allen Arbeitsspuren, wobei die Figur so genau wie möglich an die Vorlage angepasst wird.

Das Bossieren ist zweifellos der zentrale Arbeitsgang in der Herstellung komplizierter Porzellanprodukte. Es ist eine besonders schwierige Aufgabe. Das Erlernen bis zur Meisterschaft erfordert daher viele Jahre der Praxis.

Eine Figur aus der Affenkapelle gewinnt unter den Händen der Bossiererin ihre endgültige Form. Hand auf's Herz: Könnten Sie sich diese Figur vorstellen, hätten Sie nur das Arbeitsbrett unten gesehen? Ich nicht! Umso beeindruckter war ich beim genauen Beobachten der Bossiererin. Scheinbar mit spielerischer Leichtigkeit wählte sie ein Teil nach dem anderen aus, um es mit dem richtigen Werkzeug, von dem sie eine ganze Palette vor sich liegen hatte, an der richtigen Stelle mit Schlickermasse, zu verankern. Noch einige wenige Korrekturen – das Muster immer vor Augen – und das nächste Teil kam an die Reihe. Wieder wurde mit Schlicker eine Verbindung zwischen den Einzelteilen hergestellt.

Bossieren erfordert ungemein viel Geschick, eine extrem ruhige Hand, die Fähigkeit des präzisen Vergleichs und eine stundenlange Konzentration auf die anstrengende und schwierige Arbeit. Wenn man dabei dann noch so hübsch ausschaut wie auf diesen ganz und gar natürlichen Bildern, dann hat man offenbar den optimalen Beruf gefunden.

Blick in die Produktionsräume

Die schwierige Arbeit des Bossierens hatte mich so fasziniert, dass ich in der Manufaktur noch etwas länger und auch näher einer Bossiererin über die Schulter schauen wollte. Dabei wurde nichts gestellt oder besonders arrangiert. Ich legte Wert darauf, nur zuschauen zu dürfen,

Allmähliich vergaßen die Damen völlig meine Anwesenheit – was mich ausnahmsweise einmal nicht störte. Dafür konnte ich mit meiner kleinen Digitalkamera ganz typische Momente aus ihrer Tätigkeit festhalten („auf die Platte bannen" ist wohl heute nicht mehr angepasst!).

Unten sehen wir Reste, die zum Ablegen der ausgeformten Figurenteile auf der Gipsplatte vor dem Bossieren dienen und eine Beschädigung beim Transport vom Former zum Bossierer vermeiden sollen.

Die fertig bossierten Figuren - im Vordergrund Hentschel-Kinder - warten auf Gipsplatten, die die Feuchtigkeit aufnehmen sollen, unter genauer Kontrolle durch Hygrometer und Thermometer auf den Glühbrand.

Unterglasurmalerei

Nach dem Bossieren wird das zukünftige Porzellanstück einem ersten Brand, dem Glühbrand unterworfen. Danach ist der sogenannte Scherben in einem festen, noch saugfähigen Zustand. In dieser Produktionsphase kann er bemalt werden – sofern die Farben den folgenden Glattbrand bei ca. 1400 Grad Celsius überstehen. Nur wenige Farben tun uns diesen Gefallen: Vor allem Kobaltblau und Chromoxidgrün. Mit ersterer entstand das berühmte Zwiebelmuster (siehe Seite 6).

Bei diesem Zwiebelmuster werden Schablonen verwandt. Durch die feinen Löcher wird pulverisierte Holzkohle gedrückt und das Muster dann aus dem Punktenetz entwickelt. Bei der anschließenden Farbgebung ist große Vorsicht vonnöten, denn die Farbe wird von dem Scherben sofort aufgesaugt und kann danach nicht mehr korrigiert werden.

Bildplatte mit kobaltblauer Unterglasur-Bemalung

Figurenstaffage: Die berühmte Affenkapelle

Diese putzigen kleinen Figuren zogen bei ihrem ersten Erscheinen 1753 nicht nur wegen des gewählten Sujets sondern vor allem wegen ihrer detaillierten Formgebung und der bis in die feinsten Einzelheiten in harmonischen Farbkombinationen ausgeführten Staffage bewundernde Blicke auf sich. Die Figuren wurden 1765/66 überarbeitet und in die heute noch reproduzierte Fassung gebracht.

Das setzte in der Herstellung meisterhafte Beherrschung des Kunsthandwerks, jahrelanges Üben und Spezialisierung auf das jeweilige Aufgabengebiet voraus.

Schauen wir den Porzellinern einen Moment bei der Arbeit zu. Die Szenen strahlen die Ruhe

des konzentrierten Schaffens aus. Die Welt um Sie herum scheint für die Zeit der Arbeit aus ihrem Umfeld verbannt. Wichtig ist für diesen Moment nur noch die Vollendung eines kleinen Stückes der Porzellankunst, an der sie maßgeblichen Anteil haben.

Wie bei den Figuren der Affenkapelle so auch bei allen anderen Porzellanfiguren müssen wenige Milligramm einer ausgewählten Farbe an genau der richtigen Stelle plaziert werden. Staffage in ihrer ureigensten Art. Aus der reinen Form wird ein Spiel in einem Spannungsfeld aus Formen und Farben. Es wird noch einmal bei 900 Grad Celsius gebrannt. Dann kann es endlich die Reise in die weite Welt antreten.

Europäische Blumenmalerei

Das in Meißen erfundene, herrlich weiß glänzende Hartporzellan bot sich geradezu an, farbig bemalt zu werden. Schon bald nach der Entdeckung auch bei hoher Temperatur beständiger, keramischer Pigmentfarben durch Johann Gregorius Höroldt Mitte des 18. Jahrhunderts, begann eine Blumenmalerei, die sich vorerst an ostasiatischen Vorbildern orientierte.

Erst langsam entwickelte sich eine ganz und gar europäische, speziell deutsche Blumenmalerei, die vor allem im 19.Jahrhundert ihre Blütezeit hatte.

Heute kann die Meissener Porzellan-Manufaktur mit einer großen Zahl von herrlichen Blumen-Dekoren aufwarten, die vor allem in den Servicedekoren dominant sind. Die in der Manufaktur ausgebildeten Blumenmaler haben inzwischen eine außerordentliche Meisterschaft auf diesem Spezialgebiet der Malerei erlangt, wovon die hier gezeigten Wandteller Zeugnis ablegen.

Indische Malerei

Bei der sogenannten Indischen Malerei mit einer Vielzahl von Indischdekoren ist der Spielraum für eigene Kreativität geringer als bei der Blumenmalerei. Die Bezeichnung „Indische Malerei“ ist etwas irreführend. Sie stammt von der Ostindischen Handelskompanie, die im 16. und 17.Jahrhundert den Schiffsverkehr nach Ostasien bediente. Mit indischen oder indianischen Vorbildern hat diese Art der Malerei nichts zu tun. Es sind stilisierte flächenhafte Motive nach ostasiatischen, vor allem japanischen Vorbildern. Bei ihnen ist genau vorgegeben, in welcher Anordnung und sogar Farbkomposition in streng linearen Formen gemalt werden muss.

Im Laufe der Zeit haben auch den europäischen Ausdrucksformen angepasste Elemente in diese Malerei Eingang gefunden. Besonders die harmonische, herrlich ausgewogene Verbindung der Antagonisten Form und Farbe ziehen den Betrachter geradezu magisch an.

Schauwerkstatt: Drachenmalerei

Kehren wir nach diesem kleinen Abstecher in die Produktionsstuben der Manufaktur in die letzte Abteilung der Schauwerkstatt, die Aufglasurmalerei zurück. Hier wird uns gerade eine besondere Spezialität der Meissener Porzelliner vorgeführt, der Ming-Drachen Dekor.

Dabei werden in einem ersten Arbeitsgang mit einer Stahlfeder die Konturen gezeichnet. Erst nach guter Trocknung erfolgt dann in einem zweiten Schritt mit dem Pinsel die Ausmalung der Konturen mit den ausgewählten Farben.

Der Dekor Ming-Drache wird zur Zeit in acht verschiedenen Farben in jeweils vier Ausführungsformen angeboten, wobei mit oder ohne Kante sowie reicher und leichter Drache unterschieden werden.

Der Drache selbst verkörpert als Wundertier in der chinesischen Mythologie die Sonne, das Licht, das Übernatürliche und den Geist der periodischen Veränderung. In der reichen Ausführung des Dekors spielt er mit einer wolkenumhüllten, flammenden Perle, einem Symbol der Weisheit und Erleuchtung des Universums. Auch der Ming-Drachen-Dekor ist ein Beispiel für den tiefen Symbolgehalt altchinesischer Malerei.

Im goldenen Käfig

Nach der Fertigstellung des Dekors erfolgt als letzter Schritt vor dem abschließenden Dekorbrand der Auftrag von goldenen oder anderen Edelmetallverzierungen. Dabei werden von der Goldmalerin oder dem Goldmaler verschiedene Präparate benutzt.

Für goldene Ränder, die ohne Vorlage, wie auf diesen Bildern zu sehen, frei mit dem Pinsel aufgetragen werden, findet durchweg Poliergold Verwendung. Es verlässt den letzten Brand in einem stumpfen Braun und muss abschliessend noch mit einem Achatstift zum Glänzen gebracht werden.

Bisweilen wird auch ein Glanzgoldpräparat angewandt, das den Dekorbrand schon glänzend verlässt und keiner Nachbehandlung mehr bedarf.

Gold aus Meissen

Wir sind jetzt am Ende unseres Besuches in der Staatlichen Meissener Porzellan-Manufaktur angelangt. Was lag da näher als beim Gold aufzuhören? Das weiße Gold des Porzellans wird mit dem Edelmetall Gold verziert und damit Form und Farbe zu einer kunstvollen Einheit im wahrsten Sinne des Wortes verschmolzen.

Seit nun bald dreihundert Jahren werden in Meißen diese herrlichen Kunstwerke aus Porzellan hergestellt, die zu einer wertvollen Bereicherung unseres Lebens geworden sind. Dabei gehen Formen und Farben in künstlerischer Verschmelzung eine ganz eigenartige Symbiose zu einzigartiger Schönheit ein. Auch dafür stehen „die blauen gekreuzten Schwerter" aus Meißen.

Meissener Porzellan: Begegnung mit einer neuen Welt

Meissener Porzellan – eine Begegnung habe ich dieses kleine Büchlein genannt. Also bin ich Ihnen zum Schluss noch ein Fazit dieser Begegnung schuldig. Vorausgeschickt: Es kann nur eine ganz und gar subjektive Zusammenfassung meines Erlebens in den letzten Monaten sein.

Meine Annäherung an das Meissener Porzellan fand auf drei Ebenen statt. Alle drei bescherten mir großartige Erlebnisse. Da war zunächst die historische Ebene, gleichzeitig die Vorbereitung auf das echte Zusammentreffen mit den Porzellinern und ihren kunstvollen Produkten in Meißen. Je mehr ich dank der Suchmaschinen im Internet in die Niederungen der „Alten Sachsen" eindrang, desto mehr Spaß hatte ich an den Geschichten und Anekdoten, die sich um die Erfindung des europäischen Hartporzellans rankten. Die einzelnen Charaktere gleichermaßen wie das Umfeld in dem sie sich bewegen mussten, bauten sich vor meinem geistigen Auge wie ein Puzzle langsam auf. Johann Friedrich Böttger, diese funkelnde Persönlichkeit, voller genialer Ideen, mit unwiderstehlicher Anziehungskraft auf die Menschen seiner

Zeit. Ein Leben voller Höhen und Tiefen in einer aus heutiger Sicht farblos grauen Umwelt. In die sein Porzellan blendendes Licht und leuchtende Farben hineintrug. Können Sie sich das vorstellen? Er selbst konnte diese Kombination aus Gefangenschaft und unbändiger Schaffenskraft nur mit Alkohol im Blut und Tabakrauch in der Lunge ertragen. Das erscheint mir auch aus heutiger Sicht noch verständlich.

Dann kam endlich die Begegnung mit den Menschen in der Porzellan-Manufaktur in Meißen. Vier Tage lang durfte ich Gast bei ihnen sein. Es war Sympatie von Beginn an. Stellvertretend für die vielen Porzelliner, denen Dieter Krone und ich begegneten sollen Frau Corso, die Public Relations Managerin, und Frau Neupold, die uns kreuz und quer – wie es die Situation erlaubte – von einer Bossier- und Malstube durch das weiträumige Werk in die nächste führte, an dieser Stelle genannt werden. Ihnen und ihren Kolleginnen und Kollegen ein ganz herzliches Dankeschön! Ohne ihren engagierten Einsatz wäre dieses Buch in so knapp bemessener Zeit nie zu schaffen gewesen.

Bleibt die dritte Ebene. Ich möchte sie einmal die visuell-haptische nennen. Nach all der Vorbereitung und den vielen Informationen aus der Literatur brannte ich schon auf dieses Erlebnis. Was war dran, an diesem Phänomen „Meissener Porzellan"? Nicht abrupt, eher ganz langsam zog es mich in seinen Bann. Dafür allerdings mit unwiderstehlicher Kraft. Von Figur zu Figur, die ich sozusagen im Schnelldurchgang berühren und fotografieren durfte, stieg meine Begeisterung für diese herrlichen Kunstwerke, in die für ihre Vollendung so viel Kraft und Können von so vielen Künstlern und Kunsthandwerkern investiert wurde.

Auf der Landkarte meines Lebens verwandelte sich Meissener Porzellan von einem weißen Fleck in eine wundervolle Erfahrung. Das Tischporzellan und die filigranen Figuren strahlen Kraft aus. Intensiv betrachtet gewinnen sie Macht auf uns, positive Macht. So wie manche Landschaften uns magisch anziehen und alle Aspekte unseres Lebens verstärken, so wirken auch diese wertvollen Kunstprodukte aus Porzellan. Es sind ebenfalls kleine Kraftplätze, und darüber hinaus noch mobile. Kunst bedeutet doch, bisher Unsichtbares sichtbar werden zu lassen. In diesem Sinne sind Produkte aus Meissener Porzellan „Kunst"-Produkte. Ob in der Tischkultur oder als Schmuckstücke zur Verschönerung unseres häuslichen Ambiente, immer verstärken sie durch ihre künstlerische Ausstrahlung die positiven Kräfte in unserer Umgebung.

Gestatten Sie mir zum Abschluss noch eine persönliche Bemerkung. Ich danke meinem Verleger Dieter Krone für die Chance, in meinem fortgeschrittenen Alter noch einmal meine Fähigkeiten auszuloten zu dürfen. Gefällt Ihnen das Ergebnis?

Bibliografie

Sollte dieses kleine Büchlein Ihr Interesse an weiterer Literatur über Meissener Porzellan geweckt haben, so empfehle ich Ihnen unter diesem Stichwort im Internet mit einer Suchmaschine wie „google.de“ oder „yahoo.de“ sich Links zu einer Unzahl von Buchtiteln und Bezugsquellen auswerfen zu lassen. Besonders hinweisen möchte ich Sie auf alle Bücher von Hans Sonntag, dem Leiter der Schauhalle in der Meissener Porzellan-Manufaktur, der mit außerordentlicher Sachkenntnis meist zusammen mit dem Fotografen Jürgen Karpinski eine ganze Reihe von wundervollen Büchern für die Liebhaber dieser Kunstrichtung verfasst hat.

Bildnachweis

Alle in diesem Buch verwendeten Aufnahmen wurden vom Verfasser in der Zeit vom 26.-29. August 2003 in der Porzellan-Manufaktur in Meißen mit einer Canon Powershot G5 Digitalkamera und aufgesetztem Blitzgerät Speedlit 420EX fotografiert und anschließend mit Adobe Photoshop 7 von störendem Hintergrund befreit.

Weitere Informationen

Über den jeweils neuesten Stand aller Aktivitäten rund um die Staatliche Porzellan-Manufaktur in Meißen informieren Sie am besten die Internetadressen

http://www.meissen.de und
http://www.meissengalerie.de.